AF267189

Oc
14449

GARCIA

DEVANT

L'OPINION PUBLIQUE

PAR

LOUIS GERDEBAT

Chevalier de l'ordre royal d'Isabelle la Catholique

PARIS

LIBRAIRIE E. LACHAUD, ÉDITEUR

4, PLACE DU THÉATRE-FRANÇAIS, 4

—

1873

Paris-Imp. PAUL DUPONT, 41 rue Jean Jacques-Rousseau. — 1352.4.3.

AVANT-PROPOS

En 1859, j'eus l'honneur d'être présenté à M. Tomas Garcia Cortès, — noble Espagnol, autrefois célèbre dans les villes d'eaux de l'Allemagne et pour lequel le monde entier a eu son jour d'admiration, — par mon excellent ami Andres Borrego, un des personnages les plus éminents de l'Espagne, non-seulement comme homme politique, mais encore comme écrivain.

Si aujourd'hui donc il m'est permis d'élever la voix et de faire entendre quelques paroles en faveur de son compatriote Garcia, à qui il a voué une amitié aussi sincère que profonde, c'est à lui que je le dois ; c'est grâce à des notes qu'il a bien voulu me communiquer sur notre ami commun, que j'ai pu écrire cette courte mais véridique plaidoirie.

Par mes rapports personnels et par les entretiens que j'ai eus avec M. Garcia, j'ai pu juger de son honnêteté, de sa générosité, de sa modestie et de son profond désintéressement. Aussi, n'ai-je pas hésité, un seul instant, à mettre sous les yeux du public les lignes suivantes, qui résument toute la vérité sur ce parfait gentilhomme, sur cet homme de bien.

Louis Gerdebat.

GARCIA

DEVANT

L'OPINION PUBLIQUE

L'homme dont nous entreprenons la défense s'est annoncé
dans le monde d'une manière retentissante et même roma-
nesque.

A une époque encore assez récente les journaux allemands,
reproduits par tous les organes de la presse européenne,
étaient remplis d'articles que l'on peut résumer par ces mots :

« Une grande émotion se produit en ce moment dans
« les villes d'eaux de l'Allemagne. Un homme intrépide
« parcourt toutes les banques en triomphateur et attire
« l'attention de tout le monde par la hardiesse et la loyauté
« de son jeu. La banque de Hombourg a altéré en son hon-
« neur les règles de son institution et porté de 12,000 francs
« à 60,000 francs le maximum des mises. »

Peu de temps après on lisait dans les mêmes journaux :

« Le public de Francfort accourt en foule pour admirer le
« courage et le sang-froid de M. Garcia. Il vient d'enlever
« DEUX MILLIONS à la banque en peu de jours. C'est entre lui

« et la société financière qui tient les jeux une lutte su-
« prême. Le public regarde ce duel avec un intérêt émou-
« vant et fait des vœux pour que Garcia triomphe. »

Or, cette faveur dont l'opinion le comble n'est ni capri-
cieuse ni arbitraire ; il a su la gagner par la loyauté et
l'honnêteté de ses procédés, par l'extrême générosité avec
laquelle il use des dons de la fortune, par les nombreux
traits de philanthropie et de bienfaisance qui signalent son
séjour dans les villes d'Allemagne, théâtre de ses succès.

Quand on a le malheur d'avoir occupé le monde avec
tout le retentissement qu'a eu le nom de M. Garcia, et que
cette notoriété finit par une déconsidération inouïe, on acquiert
le droit de parler un peu de soi, ne fût-ce que pour
éclairer l'esprit du public surpris et celui des juges mal
renseignés.

M. Tomas Garcia Cortès, dont tous les antécédents sont
honorables : famille, position, caractère et mœurs, est né à
Ricla, dans l'Aragon, d'une noble famille de vieux hidalgos
aragonais, dans cette terre rude de mœurs, renommée par
le mâle courage et l'honnêteté de ses habitants.

Ses parents, qui le destinaient au barreau, l'envoyèrent à
l'université de Barcelone. Il y terminait son droit lorsqu'il
fut présenté au cercle du Lycée, composé de membres choisis
parmi tout ce qu'il y a de plus riche et de plus distingué
dans cette aristocratique et opulente cité. Il y vécut dans la
plus cordiale intimité pendant plusieurs années et il y acquit
l'estime et l'amitié d'une société exclusivement formée des
plus honorables négociants et des plus riches propriétaires
de Barcelone.

Le certificat suivant en fait foi :

« Les soussignés, président et vice-président du cercle du
« Lycée de Barcelone, certifions que, pendant tout le temps
« que M. Garcia a fait partie de notre société, temps qui
« embrasse toute l'époque de son séjour à Barcelone, il a

« constamment mérité, par sa conduite honorable et ses
« honnêtes procédés envers tous les membres de notre
« cercle, la sympathie et la considération auxquelles ont
« droit les qualités qui le distinguent.

Barcelone, 19 février 1863.

« *Signé :* Y. GIRONA, Feliz MASIA. »

Garcia n'est pas connu et estimé seulement à Barcelone ;
il a résidé également à Madrid, où il a su se créer des rela-
tations honorables avec des hommes politiques et des fa-
milles illustres. C'est par suite de ces relations, et eu égard
à sa position sociale, qu'il fut nommé chevalier de l'Ordre
de Malte, décoration qui ne s'obtient qu'après une enquête
minutieuse sur la moralité et l'honorabilité du postulant.

Sa position dans ces deux villes est si solidement établie
qu'elle ne saurait faire naître chez personne le moindre doute
sur la position sociale de Garcia, sur sa fortune et son crédit.
Les documents suivants établissent en fait et d'une manière
incontestable, — car ils reposent sur le témoignage de maisons
de banque de premier ordre, — que Garcia possède des capitaux considérables, qu'il jouit d'un crédit illimité sur la place
de Barcelone si commerciale et naturellement peu portée
à l'engouement à l'égard de fortunes équivoques, et que,
même après son départ, il conserve de forts capitaux dans
la maison Girona, de laquelle il reçoit des remises et des
lettres de crédit qui lui servent à alimenter le fort jeu qu'il
va faire en Allemagne.

« Barcelone, le 23 février 1863.

A M. LÉON DUVAL, A PARIS.

« Sur la demande de M. Tomas Garcia, nous nous empressons de
« vous faire savoir que plusieurs fois nous lui avons fourni des lettres
« de recommandation et de crédit sur Paris et autres places de l'é-
« tranger pour des *sommes importantes* qu'il possédait chez nous.

« Nous faisons cette déclaration pour l'intérêt dudit Garcia et nous
« désirons qu'elle lui soit de toute utilité.
« Veuillez agréer, etc.

« *Signé* : GIRONA et Cie. »

La maison de banque Jean Goll et fils, de Francfort, s'exprime ainsi :

« Nous certifions par ces présentes que M. Tomas Garcia, de Ri-
« cla, en Espagne a été introduit chez nous en 1856, que depuis lors
« il a fait avec notre maison *des affaires considérables* et que sa
« conduite envers nous a toujours, sans exception, été parfaitement
« honnête et loyale.

« Francfort-sur-le-Mein, le 9 avril 1864.

« *Signé* : Jean GOLL et fils. »

Une des plus honorables et des plus solides maisons de
banque de Paris, la maison Marcuard, André et Ce, écrit à
Garcia :

« Monsieur,

« A votre demande et pour rendre hommage à la vérité, nous re-
« connaissons que vous avez été accrédité auprès de nous, en 1858,
« pour une *somme importante* par une maison de banque très-hono-
« rable de Barcelone et que, depuis lors jusqu'en 1862, notre compte
« a donné lieu à des transactions considérables dans lesquelles vous
« vous êtes toujours montré parfaitement ponctuel et loyal.

« *Signé* : MARCUARD, ANDRÉ et Cie.

« Paris, le 12 septembre 1864. »

Enfin, dans sa ville natale il jouit de l'estime et de la considération générales. Laissons s'exprimer sur son compte le
maire de cette ville, qui énumère les propriétés foncières
qu'y possède M. Garcia et la quotité d'impôt qu'il verse
au trésor public.

« Je, soussigné, don Pedro Romeo, maire de la ville de Ricla,
« certifie que Tomas Garcia Cortès, natif et domicilié dans cette
« ville, est inscrit au cadastre comme propriétaire de seize maisons
« et de dix-huit biens fonds ruraux, sur lesquels il paye d'impôt, par
« an, la somme de deux mille piastres (10,600 francs), selon qu'il
« résulte des registres de l'année dernière tenus dans la mairie.

« Et, pour que les faits ci-dessus soient notoires à tous, nous dé-
« livrons le présent signé du sceau de la commune.

    « Ricla, ce 20 février 1863.

        « Signé : *L'Alcade*, PEDRO ROMEO. »

« Don Benito Garcia, maire de la ville de Ricla, je certifie que
« Tomas Garcia Cortès, natif et domicilié dans cette ville, où il est
« propriétaire, a observé une conduite sans tache pendant son long
« séjour dans cette ville. Et par cette raison, et eu égard à ses
« loyaux procédés, il obtint l'estime et les sympathies de tous les
« honnêtes gens du pays. Et, afin qu'il puisse le faire constater où il
« lui conviendra, j'expédie le présent certificat que je signe et du
« sceau de la commune.

    « Ricla, ce 28 décembre 1867.

        « Signé *L'Alcade*, BENITO GARCIA. »

Ainsi, dans sa ville natale et dans toutes les villes d'Espagne où il a séjourné, Garcia est connu avec honneur. Bien
différent de ces aventuriers dont le passé se cache dans une
obscurité mystérieuse, sa vie tout entière est pleine de lumière.

Ici commence la partie intéressante de l'histoire de Garcia :
jeune et favorisé de la fortune, aimant les voyages, il parcourt les diverses contrées de l'Europe que fréquente le
monde élégant. Il visite successivement la France, l'Italie et
l'Angleterre ; il explore ensuite les bords du Rhin. A la vue
de cette série de palais enchantés où l'on rend un culte au
dieu du hasard, de ces splendides bourses ouvertes, tout le
long du vieux fleuve historique, à l'émouvante spéculation

des joueurs, il se sent irrésistiblement attiré vers cette terre enchanteresse.

Suivre Garcia dans cette série d'excursions en Allemagne dont a parlé toute la presse européenne, expliquer toutes les victoires qu'il remporta, ce serait faire presque une épopée. Garcia marcha de succès en succès dans toutes les banques de l'Allemagne : de Hombourg à Wiesbaden, de Wiesbaden à Baden, ce ne fut qu'une série de triomphes.

La banque de Hombourg, qui alors était déjà la plus puissante, changea les règles de son institution en l'honneur de Garcia, en élevant le maximum de ses mises de 12,000 francs à 60,000 francs. Ce fut le commencement d'une vraie lutte entre la banque et Garcia, qui répondit à ce défi en jouant à chaque coup le maximum de 60,000 francs.

M. Garcia réalisa, en quelques jours, contre la banque de Hombourg un bénéfice net de deux millions de francs. Jamais, depuis que les banques d'Allemagne étaient établies, on n'avait vu un pareil succès. Jusqu'alors c'était chose rare qu'une banque qui sautait, c'était un phénomène qui se produisait une fois par an. Trois jours de suite, M. Garcia fit sauter la banque de Hombourg, qui était la plus riche et la plus solide de toute Allemagne.

Ces succès, obtenus si rapidement, produisent une grande émotion. Réunis en assemblée générale, les actionnaires de la banque votent d'urgence une augmentation de capital.

Les banquiers et les capitalistes de Francfort jouent à la hausse et à la baisse sur les actions qui, pour la première fois, baissent de 20 0/0 dans un jour. M. Blanc, le capitaliste bien connu, directeur-gérant, offre un versement de plusieurs millions, avec lesquels on s'apprête à soutenir la lutte contre Garcia.

Cette lutte gigantesque fut continuée avec une persévérance et un acharnement sans exemple. Garcia attaquait

la banque avec une grande vigueur, il jouait avec des billets
à ordre de la Banque de France de 12,000 francs, que
M. Blanc avait fait expédier de Paris exprès pour faciliter
les payements. Les différences qu'on faisait dans la journée
effrayaient ceux même qui n'y étaient pas intéressés. Les
salons du Kursaal se remplissaient de milliers de personnes
venant de Francfort et de toutes les autres villes, où l'on se
donnait rendez-vous pour voir jouer Garcia et admirer son
sang-froid. Quant aux actionnaires, qui la plupart étaient
des banquiers, ils abandonnaient leurs bureaux pour aller au
Kursaal. Ils éprouvaient, pour la première fois, des émotions
comme s'ils eussent joué eux-mêmes : du reste, ils avaient
pour cela de bonnes raisons : la baisse des actions s'accentuait
de plus en plus.

Elle serait curieuse, autant qu'instructive, l'histoire de
tous les incidents et péripéties arrivés dans cette lutte à
outrance avec la banque. Citons seulement un fait :

Un jour Garcia était engagé contre la banque depuis plusieurs heures. La chance tourna contre lui à un moment
donné, à tel point qu'il perdait une très-forte somme et qu'il
était près de succomber. Tout à coup Garcia quitte les salons ; on le croit parti, vaincu, et les actionnaires sont
dans la joie. Ce n'était qu'une habile manœuvre de sa part :
il était allé à Francfort demander de nouveaux renforts. Il
fait jouer le télégraphe avec Paris. Il reçoit 200,000 francs
avec lesquels il revient à la charge. Il fait déjà nuit quand
il arrive à la salle de jeu. A onze heures doivent finir les
parties : à cette heure non-seulement Garcia était rentré dans
ses pertes, mais de plus il avait gagné 600,000 francs !

Le lendemain, Garcia était à l'attaque de la banque de
très-bonne heure. A midi il ne restait plus rien à celle-ci, il
avait tout enlevé, et les domestiques à grande livrée du Kursaal marchaient derrière lui emportant les sacs d'argent qui

tout à l'heure appartenaient à la banque et dont Garcia était devenu le propriétaire. Quand il quitta les salons une foule nombreuse l'attendait et lui fit une ovation.

Pendant que ces succès avaient lieu à Hombourg, Wiesbaden, jalouse de sa rivale, et voulant attirer à elle l'animation qui régnait dans cette ville, élève tout à coup le maximum de ses mises. Les journaux annoncent pompeusement que la banque de Wiesbaden ne peut pas sauter et qu'elle tiendra tous les enjeux qu'on voudra ; c'est une sorte de défi jeté à la tête de Garcia : cette provocation ne devait pas rester sans réponse.

Un jour qu'on l'attendait le moins, Garcia tombe au Kursaal de Wiesbaden avec des capitaux énormes et, en quelques heures, il fait sauter la banque en enlevant 500,000 francs dans une seule séance. A cette nouvelle, une émotion extraordinaire s'empare des actionnaires et une espèce d'émeute se produit ; ils accourent et reprochent vivement à l'administration d'avoir changé les conditions de la banque en jetant ainsi un imprudent défi à ce redoutable lutteur. On veut à tout prix éloigner le danger ; on parlemente avec Garcia, on capitule et la paix est signée à des conditions humiliantes pour l'administration.

Garcia était alors à l'apogée de sa réputation et de sa fortune. Les mille voix de la presse répandaient son nom dans les deux mondes. Hélas ! par une ironie de la destinée, c'est au moment où partout on l'appelait Garcia l'Invincible, qu'il devait succomber !

C'est à Baden que son étoile s'éclipsa ! Il s'était rendu dans cette ville au mois de septembre, à l'époque brillante des courses ; il n'avait nullement l'intention d'y jouer. Les conditions de la Banque, le peu d'élévation du maximum des mises l'avaient toujours tenu éloigné du Kursaal de cette ville. Malheureusement le duc de Morny se trouvait alors à Baden ; en grand seigneur, avide d'émotions, il veut se donner le plaisir de voir sauter la banque; il presse Garcia de jouer, toutes les personnes de son entourage se joignent à lui ; Garcia résiste durant plusieurs jours, mais il cède enfin aux instances de tant d'illustres personnages... Il joue, mais sa veine était épuisée. La fortune, sa déesse protectrice, l'avait abandonné, et il perdit, le sourire sur les lèvres, les millions qu'il avait insoucieusement gagnés.

Ainsi tomba Garcia ! Baden fut son Waterloo. Le vainqueur était vaincu. Mais sa défaite est-elle irrémédiable ? Est-ce bien un Waterloo ? Nous réserve-t-il un retour de l'île d'Elbe ? C'est ce qu'un avenir prochain nous apprendra.

Arrêtons-nous un instant pour exposer quelques réflexions qui nous sont inspirées par les incidents qui vont se suivre.

L'histoire que nous venons de raconter est tout un enseignement, et les réflexions qu'elle nous inspire seraient également applicables à bien des hommes qui occupent ou qui ont occupé une certaine position dans le monde. Elle nous apprend parfaitement que, pendant qu'un homme a des succès, il est applaudi, acclamé par un public enthousiaste qui souvent en fait un héros ; mais qu'un premier insuccès arrive, ce même public se montrera des plus sévères.

Elle nous fait comprendre combien il faut se défier de cette popularité et de cet enthousiasme qui ne tiennent qu'autant que l'homme est heureux et qui deviennent un danger quand ils sont témoignés par un public qui demande, pour être satisfait, à voir des ouvrages parfaits et des succès complets, qui ne veut pas enfin admettre le moindre écart de la fortune.

C'est bien l'histoire qui nous occupe ; c'est bien le cas de M. Garcia ; et pour le prouver, nous avons seulement à suivre régulièrement et par ordre tous les faits.

Il est très-vrai que, pendant trois ans, la plupart des journeaux de l'Europe ont fait des articles très-élogieux à l'égard de Garcia, qu'un nombreux public s'intéressait à ses succès et qu'à cette époque, les milliers de personnes qui se rendaient aux bains de l'Allemagne ne pouvaient parcourir aucune de ces villes sans entendre, à chaque instant, prononcer son nom avec enthousiasme et considération.

Et ici il faut dire, pour être juste, que si quelqu'un avait su gagner cette faveur dont le public l'entourait partout, c'était bien Garcia, par ses loyaux procédés et par sa largesse et sa générosité. Car, ce qui excitait surtout les sympathies universelles en sa faveur, c'était la bonté de son cœur et sa générosité sans limites. Il n'attendait pas les prières, il courait au-devant de l'infortune. Pour le prouver, nous pourrions en rapporter mille preuves fondées sur des témoignages certains et des pièces irrécusables. Nous nous contenterons de citer un trait dont la preuve officielle est restée dans les archives du gouverneur de la ville de Hombourg. Voici ce fait :

On vient un jour apprendre à Garcia qu'un certain nombre d'étrangers sont détenus dans la prison pour dettes. Parmi eux se trouvaient des personnes très-honorables ; il y avait même des dames. Dès qu'il en eut connaissance il s'adressa à M. Desnoyer, alors gouverneur de la ville, à qui il fit connaître sa résolution de faire mettre en liberté tous ceux qui étaient en prison, s'engageant à payer sur-le-champ tout ce qu'ils devaient sans exception ni limite. Le gouverneur de la ville promit à Garcia de l'appuyer dans son noble dessein en évitant tout retard. Deux heures après, ces malheureux cherchaient partout dans Hombourg leur libérateur qui se dérobait à leur reconnaissance. Et le soir, une foule nombreuse venait lui donner une sérénade et l'acclamer devant son hôtel.

Mais de quelle utilité nous serait-il de rappeler au souvenir du public ce trait de Garcia et tant d'autres qui l'ont rendu digne au moins de sa bienveillance? Il ne s'en souviendra pas! Garcia n'est plus aujourd'hui l'homme protégé par la fortune, son étoile s'est éclipsée, et le public n'attendra qu'une occasion pour porter sur lui le jugement le plus sévère !

Aujourd'hui que les passions sont calmées et que la froide raison nous permet de juger plus impartialement cette affaire, on comprendra difficilement comment on a pu soupçonner, même un instant, cet homme honnête et loyal !

Quand nous expliquerons, et de la manière la plus claire, tous les faits qui ont eu lieu dans la soirée de Mme Barucci, nous prouverons jusqu'à l'évidence que Garcia s'y est conduit avec la même loyauté et la même bonne foi que nous lui connaissons.

Il est donc vrai, dès à présent, de dire que ce n'est pas sous l'accusation d'un fait isolé, tout à fait injuste et que tous ses antécédents repoussent, que Garcia a succombé, mais sous le poids d'une loi générale et des incidents résultant de la position qu'il avait occupée ! On eût été plus juste à son égard s'il était resté dans le bonheur ! On sait aussi que, dans cette soirée, il ne manquait pas d'envieux, de jaloux et probablement d'obligés de Garcia.

Nous tenons beaucoup à entrer dans toutes les explications concernant la soirée de Mme Barucci, car elles ne feront que mieux ressortir la complète innocence de Garcia. Mais, si nous voulions nous dispenser de ce travail, le bon sens du public suffirait pour notre défense, quand nous lui aurons fait connaître son passé, ses antécédents et même son système de jeu.

Raisonnons un peu avec calme et sans passion.

Où Garcia a-t-il joué d'habitude ? en Allemagne, où le jeu est reconnu loyal. Là, il ne tenait pas la banque, il la subissait et il y a joué des sommes considérables avec la plus grande loyauté, sans toucher une carte et ayant en outre un refait contre lui. Cette circonstance seulement et les sommes que M. Garcia a payées à la banque pour le refait, seraien

un fait suffisant pour établir complétement son caractère no-
toire de joueur de bonne foi.

On sait que la banque, à cette époque, percevait une prime
pour chaque mise qu'on voulait assurer contre le refait. Or,
Garcia avait toujours l'habitude d'assurer son jeu, et des
observateurs curieux de le suivre ont calculé qu'il payait par
jour à la banque 50,000 francs d'assurance ; ce qui revient à
dire qu'avant même de jouer, Garcia payait 50,000 francs
pour égaliser les chances.

Qui au monde, fût-il un prince, eût payé aussi cher
le plaisir de jouer ?... Cinquante mille francs par jour
pendant des mois et pendant plusieurs années de suite ! ! Il
aurait donc suffi à Garcia, pour amasser des millions, d'avoir
économisé les sommes qu'il a payées comme prime aux banques de l'Allemagne. Pour soupçonner de déloyauté ou de
mauvaise foi l'homme qui habituellement agit de la sorte, il
faudrait repousser toute considération d'équité, ainsi que fer-
mer les yeux aux plus claires déductions du bon sens.

Si nous entrons dans le système de jeu de Garcia, nous y
trouverons encore une preuve des plus saillantes de sa bonne
foi ; et, pour donner une idée de ce système et démontrer
combien il a fallu qu'on fût aveugle pour soupçonner, même
un instant, cet homme, nous rapporterons un fait que le direc-
teur, M. Blanc, a raconté souvent dans un des premiers cercles de Paris, voulant par cela attester, non-seulement la
loyauté avec laquelle M. Garcia joue, mais encore sa hardiesse.

Voici le fait : un jour, Garcia, assis à la table du trente et
quarante, venait de perdre une très-forte somme, il ne
lui restait plus que 10,000 francs ; cependant il n'hésita pas,
mit les 10,000 francs sur un des tableaux, et se leva même
de la table de jeu pour partir ; il gagna, laissa les 20,000 francs
sur le même tableau ; il gagna encore et joua 40,000 francs.
La chance l'ayant favorisé, il joua le maximum des mises,
60,000 francs. Ce fait, nous le répétons, M. Blanc l'a raconté

dans plusieurs cercles en y ajoutant cette observation :

« On comprend bien qu'une personne qui aurait sur elle 200,000 francs, en risque 10,000 et qu'elle les laisse courir la chance plusieurs fois de suite ; mais, ne possédant que 10,000 francs et les exposer avec le plus grand sang-froid, c'est un fait qui explique bien son caractère. »

Et nous, à notre tour, car nous n'avons rapporté ce fait que dans l'intérêt de la défense, nous prions le public de nous suivre dans le raisonnement suivant :

Ces habitudes de jeu, connues de tout le monde et constamment pratiquées par Garcia, constituent-elles le système qui caractérise un joueur déloyal ? Le bon sens et l'expérience repoussent une pareille supposition. Le joueur de mauvaise foi ne livre jamais son gain à la chance seule, il s'attache exclusivement aux occasions sûres de grossir son pécule mal acquis ; il ne tentera jamais la fortune dans laquelle il ne saurait avoir confiance : aussi ne fera-t-il jamais de gains considérables ni subits. On dirait que la fortune, comme toute puissance morale, obéit à des lois équitables et qu'elle refuse ses faveurs à quiconque n'a pas su les mériter, à quiconque ne sait pas faire preuve de ce généreux courage qui ose braver les rigueurs et les caprices du sort.

Nous venons de tracer à grands traits le portrait de l'homme qui a attiré pendant longtemps sur lui l'attention publique ; nous avons apprécié sa manière de jouer et pleinement constaté son allure loyale, toujours épris de l'attrait de lutter avec la fortune, de la provoquer, de la vaincre, mais s'escrimant contre elle, courtoisement et à armes égales.

Disons maintenant quelques mots sur l'homme privé :

Garcia a habité Paris pendant plusieurs années, vivant au milieu d'un monde susceptible, essentiellement chatouilleux sur les questions d'honneur et de délicatesse. — La moralité de sa vie privée défierait la censure la plus sévère.

Plusieurs fois millionnaire, disposant toujours de fortes sommes, même quand la chance lui était contraire, il vivait sans faste dans la société de ses compatriotes et de quelques Français de distinction.

Membre du cercle Impérial, reçu dans le meilleur monde, il fuyait les contacts suspects et les relations de mauvais aloi, et, jamais, on ne l'avait vu dans ces salons interlopes où l'or et le blason se tutoient.

Malheureusement pour lui, au commencement de l'hiver de 1863, il se départit de cette prudente réserve et fut présenté à une soirée donnée par Mme Barucci, où eurent lieu les événements que nous allons raconter.

Pour la première fois on va connaître la vérité sur tous les incidents de cette fameuse soirée, vérité qui a été jusqu'ici dénaturée par l'esprit de mensonge et de dénigrement.

Nous commencerons par restituer à la soirée du 4 février son véritable caractère. Mme Barucci et ses invités, peu soucieux de passer pour des joueurs aux yeux du public, ont fait tous leurs efforts pour représenter la fête donnée à l'occasion de la prise de possession de l'hôtel des Champs-Élysées comme une soirée élégante, une simple partie de thé, comme l'a prétendu M. le duc de Grammont-Caderousse. En réalité, c'était l'installation d'une réunion de personnes pour jouer que Mme Barucci désirait fixer chez elle. Tout le prouve jusqu'à la dernière évidence : la passion bien connue de cette dame pour le trente et quarante, la présence de plusieurs personnes qui arrivent avec des sommes considérables dans leur poche... (Est-ce ainsi qu'on se rend à une réunion d'amis, à un simple thé ?) Cette dame ajoutait une telle importance à cette réunion, en ce qui concernait le jeu, que l'avant-veille, au matin, elle fit prier Garcia de passer immédiatement chez elle. Elle le consulte sur les personnes à inviter, lui remet de ses cartes de visite, en le priant de les distribuer à ses amis et lui recommande, à plusieurs reprises, d'apporter des cartes, des bons et tout ce qui est nécessaire pour faire la banque. — Ce point est important. Nous prions le lecteur de ne pas le perdre de vue.

Transportons-nous maintenant dans l'hôtel des Champs-Élysées, où vont se dérouler les faits qui ont donné naissance à cette affaire, et qui ont été complétement dénaturés devant la justice.

Il est minuit. La plupart des invités remplissent déjà les salons. Avant de se rendre à la soirée, Garcia, pour tenir sa promesse, est entré au cercle Impérial; il a demandé au caissier six jeux de cartes neufs et un paquet de bons. En voyant entrer Garcia, qui vient la saluer, la maîtresse de la maison se lève et, allant au-devant de lui, lui dit :

— Et monsieur le comte de Lannoy, ne vient-il pas avec vous ?

Il avait été, en effet, convenu que cet honorable personnage viendrait tenir la banque, de compte à demi avec Garcia. Mais le comte de Lannoy, après avoir passé la soirée au cercle de la rue de la Paix, en compagnie de Garcia, s'était senti fatigué et avait prié son partenaire de présenter ses excuses à Mme Barucci.

Quelques minutes après l'entrée de Garcia, on organise une partie de trente et quarante. Il fit alors connaître à la maîtresse de la maison que, d'après la demande qu'elle lui en avait faite, il avait apporté des cartes du cercle Impérial.

Un autre des invités, ami de Mme Barucci, avait apporté aussi des cartes du cercle Agricole, et, superstitieux, comme le sont souvent les joueurs, insista pour qu'on se servît premièrement de ses cartes dans la partie qui allait s'engager. Garcia y consentit, renonçant à un droit qu'on ne pouvait lui contester, lui tenant la banque. Ce léger débat terminé, Garcia n'ayant pas à ses côtés M. le comte de Lannoy avec qui il était convenu de courir les chances de la soirée, cherche un autre partenaire et accepte Calzado. Garcia met sur la table une somme de 20,000 francs. En ce moment survient M. Angel de Miranda qui annonce qu'il va faire sauter la banque. Cette promesse est immédiatement réalisée. Garcia fait tête à la mauvaise chance et met un nouveau fonds de 12,000 francs. Cette mise est également enlevée par M. Miranda, qui fait sauter la seconde banque comme il a fait sauter la première.

L'annonce du souper met fin à la partie. On se rend à la salle à manger et, pendant le trajet, on complimente Garcia sur la manière noble et aisée avec laquelle il sait perdre son argent. Les convives placés près de lui offrent de le faire recevoir membre des cercles dont ils font partie et projettent avec lui des parties de plaisir pour la prochaine saison d'été.

Dans ce moment, Garcia est comme le héros de la fête, et l'on peut ajouter qu'il en avait supporté les frais.

Mais le souper recherché, exquis, arrosé des vins les plus rares dont on use à profusion, a échauffé le sang et enflammé les têtes. On rentre au salon, disposé aux émotions les plus vives et sous l'influence de vapeurs étourdissantes. L'envie de jouer se fait de nouveau sentir et elle est naturellement partagée par ceux qui ont perdu. On organise une nouvelle banque de trente et quarante ; c'est Garcia qui la tient avec Calzado et il s'installe avec un nouveau fonds de 20,000 francs. Toutefois Garcia, qui venait de perdre deux banques successives avec les cartes du cercle Agricole, a voulu, comme c'était son droit, faire usage des cartes du cercle Impérial. Il s'est donc fait apporter par un domestique de Mme Barucci les six jeux qui se trouvaient dans la poche de son paletot resté au vestiaire et il les a étalés sur la table en présence des assistants. Toutes les personnes qui ont pris part à la troisième banque ont vu passer sous leurs yeux et ont eu entre leurs mains ces cartes avec lesquelles

Garcia perdit encore 20,000 francs dans cette banque, ce qui portait à 52,000 francs ses pertes de la soirée. Il est bon de dire qu'on n'eut garde alors de lui faire la moindre observation. Chacun, au contraire, de le complimenter et de l'appeler, à l'envi, le plus beau joueur et le plus agréable des banquiers.

Il est trois heures du matin. Garcia se lève et songe à se retirer. Sur les instances répétées de la maîtresse de la maison, il se décide à rester encore. Pendant ce court intervalle, on avait organisé, sans sa participation, une partie de baccarat. L'idée lui vint, comme il avait perdu toute la soirée, de tenter de nouveau la chance. Il s'approche de la table où l'on joue; il y trouve assis, ayant déjà commencé la partie, MM. Grammont-Caderousse, Miranda, Feuilhade-Chauvin, Tronchon, Calzado et deux dames. Garcia se place à côté de M. de Grammont-Caderousse. Il n'a plus que 1,500 francs dans son portefeuille et quelques pièces d'or dans sa poche.

Nous sommes ici au cœur de l'affaire. Voici cette partie de baccarat qu'on s'est efforcé de présenter comme frauduleuse. Or, nous allons démontrer par l'analyse des six coups successifs gagnés par Garcia que tout s'est passé régulièrement et loyalement. Nous espérons rendre cette démonstration sensible non-seulement pour les initiés, mais encore pour les profanes.

Le baccarat consiste à courir la chance d'amener le point de neuf ou le plus rapproché de neuf. Les figures et le dix ne comptent pas. Le banquier donne l'une après l'autre deux cartes à sa partie adverse, et s'en donne deux à lui-même. L'adversaire a la faculté de demander une nouvelle carte ou de se contenter de celles qu'il a reçues ; le banquier jouit du même droit. Tous deux déclarent ensuite leur point, et celui qui a neuf ou le point le plus rapproché de neuf, a gagné. Ceci expliqué, on comprend que les cartes *arrangées* doivent nécessairement, pour donner un résultat favorable, être disposées de telle manière que la partie adverse ait toujours un point tel qu'elle n'hésite jamais dans son option. Cette condition est absolument nécessaire pour que la combinaison préparée puisse produire son effet. Car, si l'adversaire dérange une seule fois la distribution combinée, si une seule des cartes du talon reçoit une destination différente de celle qui lui était destinée, toute la combinaison se trouve renversée et le jeu reste soumis aux seules fluctuations de la chance et du hasard. Or, qui ne voit l'impossibilité absolue d'arriver à une pareille certitude dans la préparation des cartes?

Cette première réflexion faite, nous allons retracer exactement les incidents et les particularités de cette importante partie de baccarat. On comprendra facilement que Garcia, tout entier au jeu, ait pu relever les détails des différents coups qui se sont produits. Garcia est de la race des La Bourdonnaye et des Murphy, ces fameux joueurs d'échecs qui conduisaient jusqu'à sept parties à la fois et avaient sans cesse présentes à l'esprit toutes les combinaisons de leurs adversaires.

Au moment où Garcia prit place à la table, le talon venait de passer à M. Miranda. Sans hésiter, Garcia parie contre ce dernier les 1,500 francs qui lui restent, s'exposant ainsi, si la chance lui est contraire, à ne plus pouvoir continuer la partie. Mais le sort le favorise, et il double son argent. Il a 3,000 francs devant lui.

Dans cet état, les cartes viennent en sa main. Selon son habitude, il dit hardiment qu'il tient tout ce qui lui reste d'argent, c'est-à-dire 3,000 francs. — Miranda fait contre lui 1,000 francs que Garcia gagne.

Le voilà donc avec 4,000 francs.

Miranda lui fait 2,000 francs. Le sort favorise de nouveau Garcia, et il a 6,000 francs.

La lutte continue, et le même adversaire joue 4,000 francs ; mais le sort change, Garcia perd, et se voit réduit à 2,000 francs.

Les cartes sont passées à son voisin de droite. Les fonds que ce dernier engage semblant à Garcia insuffisants, il ne joue pas. Il s'abstient également de parier alors que le talon passe successivement aux mains de MM. Calzado et Tronchon. Quand il arrive dans celles de M. Feuilhade-Chauvin, Garcia fait 1,000 francs et il les perd. Il ne lui reste plus qu'un autre billet de 1,000 francs qu'il risque tout entier contre M. Miranda, à qui les cartes sont revenues.

S'il eût perdu ce coup, il se serait trouvé désarmé pour continuer la partie et profiter de la combinaison qu'on l'accuse d'avoir préparée. Mais la chance lui est favorable, et il se trouve de nouveau avec 2,000 francs.

Les cartes passent ensuite à M. de Grammont. Garcia ne joue pas contre lui, mais son tour de tenir le talon se renouvelle, et il le reçoit des mains de M. de Grammont, son voisin.

Nous touchons au moment des coups incriminés. Arrêtons-nous un instant.

Il est évident que jusqu'ici nulle irrégularité n'a pu se produire. Garcia est allé s'asseoir, comme nous l'avons vu, à la table de baccarat. Il a pris part au jeu, il a gagné et perdu sans exciter la moindre attention. Remarquons qu'il y a dix personnes autour de cette table, et qu'au baccarat le talon passe alternativement de l'une à l'autre. Ajoutons que les cartes dont on se sert et qui étaient entre les mains des joueurs au moment où Garcia a pris part à la partie, sont précisément celles qui ont servi dans la dernière banque de trente et quarante, au moment que nous avons indiqué, et avec lesquelles *il a perdu* 20,000 *francs*.

Nous allons maintenant analyser les six coups qui vont se produire, et démontrer qu'il a constamment dépendu de M. Miranda que les chances du sort aient tourné d'une autre manière. Si, en effet, il eût usé autrement de son droit, soit pour demander, soit pour refuser une nouvelle carte, les résultats auraient été tout différents et Garcia n'aurait pas pu gagner les six coups successifs qui ont ameuté contre lui l'assistance. Il suffira de se rendre compte de la manière dont était constitué le jeu des deux adversaires pour que toute personne connaissant le baccarat comprenne que les coups se sont présentés de manière à bannir tout soupçon.

Nous allons maintenant procéder à l'analyse de ces six coups. Cependant, pour rester dans la plus scrupuleuse vérité, nous nous abstiendrons de donner cette analyse pour les deux premiers coups. On conçoit, en effet, qu'au début de la deuxième passe, quand M. Miranda ne jouait que 2,000 et 4,000 francs, Garcia ait fait moins d'attention aux combinaisons offertes par les cartes, qu'il n'en a dû faire ensuite quand M. Miranda, s'obstinant à doubler ses mises, son enjeu atteignit 8,000 francs. Sous le mérite de cette réserve, abordons l'examen des six coups gagnés par Garcia.

1er *coup*. — Nous avons dit que, lorsque les cartes arrivèrent pour la seconde fois à Garcia, il n'avait plus que 2,000 francs.

M. Miranda lui fait ces 2,000 francs. Garcia gagne; il a donc 4,000 francs.

2e *coup*. — M. Miranda fait 4,000 francs. Garcia les gagne et se trouve avec 8,000 francs.

3e *coup*. — M. Miranda fait 8,000 francs. Garcia les gagne et se trouve avec 16,000 francs.

Là la mémoire de Garcia est certaine. M. Miranda a reçu une *figure* et un *cinq*; Garcia, une *figure* et un *quatre*.

Or, après réflexion, M. Miranda ne demande pas de

carte. Garcia s'en donne une et amène un *trois*, ce qui lui fait *sept*.

Si donc M. Miranda, au lieu de s'être contenté du point de cinq, avait demandé une nouvelle carte, il aurait eu huit, et aurait, par conséquent, infailliblement gagné. Les cartes seraient passées des mains de Garcia dans celles de son voisin de droite, et la partie se serait terminée là pour lui.

4° coup. — Devant le résultat du troisième coup qui lui fait perdre 8,000 francs, M. Miranda double sa mise et fait 16,000 francs.

Qu'arrive-t-il alors? Il reçoit ses deux cartes qui sont une *figure* et un *deux*. La figure ne comptant pas, et n'ayant par conséquent que le point de *deux*, M. Miranda demande une carte et reçoit une *figure*. Le banquier qui avait une *figure* et un *quatre* et qui voit que son adversaire n'a pu améliorer son point avec la carte qu'il a reçue, craignant de faire empirer le sien, le déclare et gagne avec le point de *quatre*.

Il a alors 32,000 francs.

Jusqu'ici il est parfaitement clair que c'est à la chance ou à la mauvaise inspiration de son adversaire, qu'est dû le résultat des coups gagnés par Garcia.

5° coup. — M. Miranda, obstiné à la lutte, porte son enjeu à 30,000 francs. Ici se place un incident qui est la preuve la plus incontestable de la loyauté et de la bonne foi de Garcia. Il a perdu pendant toute la soirée; il n'a pas pleine confiance dans la veine qui vient de se déclarer. Il craint de risquer et de perdre les 32,000 francs qu'il a devant lui, et il cherche à diminuer son enjeu. Il s'adresse donc aux joueurs et à tous les assistants, et leur dit à haute voix:

— *Messieurs, qui veut s'intéresser dans mon jeu?*

En adressant cet appel à la galerie, il ne limite pas la

quotité des mises. Si plusieurs personnes avaient parié pour lui, son enjeu se serait trouvé réduit à une somme très-minime. Cependant Calzado seul répond à cette invitation. Il engage 4,000 francs.

Le banquier donne les cartes. M. Miranda reçoit une *figure* et un *cinq;* Garcia une *figure* et un *trois*. Le premier demande carte; il reçoit un *sept*, ce qui fait *douze*. Par conséquent il ne lui reste que *deux* pour point valable. Garcia, de son côté, jugeant son point trop faible, demande une carte. Il reçoit une *figure*, et son point reste à *trois*. Il l'emporte donc sur M. Miranda qui n'a que *deux*. (Supposons que ce dernier n'ait pas demandé carte, il serait resté à son point de *cinq* et aurait gagné les 30,000 francs, au lieu de les perdre.)

6ᵉ *et dernier coup*. — M. Miranda fait 60,000 francs. Ici encore Garcia renouvelle à la galerie l'invitation de s'intéresser dans son jeu, ouvrant à tous la chance qu'il court lui-même. Mais comme la première fois M. Calzado seul répond à cet appel, et parie pour 8,000 francs.

Le moment est suprême. On donne les cartes.

M. Miranda a le point de *six*, Garcia n'a que *cinq*.

M. Miranda ne demande pas de carte.

Garcia a l'inspiration d'en demander. Il reçoit un *trois*, ce qui lui fait *huit*.

Si M. Miranda avait demandé carte il aurait eu *neuf*, et il était vainqueur.

La partie se termine là. Garcia, qui avait perdu dans la première partie de la soirée 52,000 francs, se trouve alors avoir devant lui 110,000 francs, somme avec laquelle il se lève et qu'il met dans sa poche.

Telle est l'analyse exacte des six coups gagnés par Garcia. Ce simple exposé des faits suffirait à lui seul pour rendre évidente, aux yeux les plus prévenus, la parfaite régularité de son jeu. Mais le récit de ce qui se passe ensuite va nous permettre de compléter notre démonstration.

Lorsque Garcia se leva de la table et qu'il eut fini sa partie, il se passa un fait invraisemblable, inouï : Garcia avait perdu pendant toute la nuit sans faire entendre une plainte. Il avait perdu sa dernière banque de 20,000 francs avec les cartes du cercle Impérial qu'il avait étalées sur la table et aux yeux de tout le monde, les mêmes avec lesquelles plusieurs des invités organisent une partie de baccarat. Et quand Garcia, pour la première fois dans la nuit, eut quelques coups de veine, on lui demanda de rendre l'argent qu'il avait gagné. Garcia, très-surpris d'une pareille demande, la repoussa énergiquement en déclarant qu'il ne rendrait jamais un argent qu'il avait bien loyalement gagné.

C'est alors seulement, après que la partie de jeu était finie et qu'on s'était rendu au salon, qu'une discussion s'engagea au sujet des cartes apportées par Garcia du cercle Impérial.

Or, nous avons déjà expliqué qu'on avait joué avec ces cartes au trente et quarante dans la troisième partie où Garcia avait perdu 20,000 francs, et que ce sont encore ces mêmes cartes que les invités prirent pour organiser la partie de baccarat sans que Garcia s'en soit mêlé.

Il n'est pas vrai que pendant la discussion il ait été question de cartes préparées ; ce ne fut que plus tard, lorsque ces Messieurs se trouvèrent dans la nécessité de justifier certains faits que nous ferons connaître, qu'ils ont produit cette fable des cartes arrangées.

Nous allons faire justice de cette accusation et la détruire complétement par des considérations morales et par une preuve matérielle sans réplique.

En premier lieu, est-il supposable que l'homme qu'on soupçonne d'avoir apporté des cartes préparées, soit allé prendre ces cartes au cercle Impérial quelques instants avant de se rendre chez Mme Barucci, alors qu'il aurait fallu longtemps et de nombreux calculs pour pouvoir le faire?

Or, il est parfaitement établi que Garcia est allé chercher ces cartes, à son cercle, à minuit, et qu'à minuit un quart il faisait son entrée dans les salons.

Est-il admissible que cet homme se soit obstiné à perdre pendant toute la soirée et qu'il ne songe à se servir de ces cartes qu'à la dernière heure, alors que les gagnants auraient pu partir et que la partie aurait pu cesser? Car il ne faut pas perdre de vue qu'il était trois heures du matin quand la partie de baccarat s'est organisée en dehors de son initiative, sans qu'il s'en soit mêlé et sans autre participation, quant à lui, que celle de risquer, quand les cartes sont dans la main d'un autre, le seul argent qui lui reste.

Comment incriminer la présence dans la partie des cartes du cercle Impérial, lorsque l'examen le plus attentif n'a pu y faire découvrir l'existence d'une combinaison disposée de manière à favoriser le banquier et lorsque aucune trace do biseau n'a pu être signalée?

Comment ne pas voir que la combinaison la plus ingénieuse eût été inutile, puisqu'il dépendait absolument de M. Miranda de faire prendre au jeu une autre tournure, soit en demandant, soit en refusant des cartes?

Mais laissons de côté les raisonnements, et écrasons l'accusation sous la brutalité d'un fait matériel.

Il n'est pas vrai que Garcia ait fait une portée de cartes, car cela lui est impossible, d'une impossibilité physique et absolue.

Nous allons le démontrer d'une manière irréfutable par des témoignages, antérieurs aux faits incriminés, qui n'ont pu être préparés ni recherchés pour les besoins de la cause.

Tout le monde connaît un homme dont l'autorité en ma-

tière de prestidigitation est proverbiale. Nous voulons parler
de M. le vicomte Alfred de Caston, l'homme auquel le plus
adroit escamotage, la supercherie la mieux ourdie ne sau-
raient échapper; l'homme devant qui n'a jamais osé comparaître le célèbre *medium* américain Home. M. de Caston
reçut la mission d'étudier les procédés de Garcia et d'en
faire l'objet d'un rapport. En conséquence, il se livra en
secret à cette étude, et le résultat de son examen fut que le
jeu de Garcia *ne peut pas même être soupçonné*, par la
raison physique que sa main, essentiellement espagnole et
plus petite que celle de la plupart des femmes, ne pourrait
contenir un paquet préparé assez volumineux pour pouvoir
être utilisé.

Voici la lettre adressée à M. Léon Duval par M. de Caston :

« Nice, le 15 février 1863.

« Monsieur,

« Je puis vous dire que, prié officieusement de contrôler des cartes
« avec lesquelles Garcia avait joué, j'ai de suite été convaincu que
« ces cartes n'avaient pas été préparées.

« Plusieurs fois je vis jouer Garcia; toujours il jouait très-hon-
« nêtement. J'ai plusieurs années de suite rencontré Garcia aux eaux
« d'Allemagne; je l'ai vu près des tables de trente et quarante. C'est
« un joueur audacieux et persévérant, capable de gagner dix mil-
« lions avec cent louis. Mais, comme il joue d'inspiration, il peut de
« même perdre dix millions en quelques séances.

« Comme homme, je connais peu Garcia; l'on m'a cependant ra-
« conté plusieurs traits qui lui font honneur; entre autres, à Hombourg,
« il a donné une cinquantaine de mille francs pour faire mettre en
« liberté tous les étrangers qui étaient en prison pour dettes.

« Pour en revenir à l'objet principal de votre lettre, si le fait re-
« proché à Garcia est d'avoir placé une portée de 60 à 80 cartes, ce
« fait me paraît complétement impossible, vu la petitésse extraordi-
« naire de sa main.

« Veuillez agréer, etc.

« Signé: vicomte ALFRED DE CASTON. »

Outre ce document qui se rapporte à une époque antérieure au procès, nous avons des certificats postérieurs, délivrés par des prestidigitateurs célèbres, entre autres ceux de M. le comte Angelo Petrovelli, de Florence, et de M. Poletti, certificats qui confirment la conclusion de M. le vicomte Alfred de Caston.

Voici d'abord celui de M. le comte Angelo Petrovelli :

« Florence, ce 13 mai 1863.

« Je, soussigné, consulté sur la possibilité de faire une portée, ou
« escamotage de cartes, et précisément sur le fait particulier attri-
« bué à M. Garcia, je déclare qu'attendu la configuration de sa main
« extrêmement petite, il lui est impossible de faire une portée, non-
« seulement d'un jeu et trois quarts, c'est-à-dire de quatre-vingt-
« onze cartes de grandeur ordinaire, mais pas même d'un jeu de
« trente-deux cartes.
« C'est ce que je puis déclarer après expériences faites.

« Signé : Comte Angelo Petrovelli. »

Un autre prestidigitateur, M. Antonio Poletti, s'exprime en ces termes :

« Florence, ce 12 mai 1863.

« Je, soussigné, artiste prestidigitateur, ayant exercé cette profes-
« sion, pendant plusieurs années, à Londres et à Paris, ayant été
« consulté sur la possibilité de faire une substitution de cartes, met-
« tant un talon d'icelles sur le talon servant au jeu, fait spécialement
« imputé à M. Garcia, je déclare que je trouve une chose fort diffi-
« cile de faire la substitution d'un gros paquet de cartes sur celui
« dont on se sert. Et relativement à M. Garcia, ayant examiné la
« forme et configuration de ses mains, je trouve qu'elles sont beau-
« coup trop petites, et j'affirme, après lui avoir fait faire sous mes
« yeux des expériences, qu'il lui est physiquement impossible d'exé-
« cuter ladite substitution.

« Signé : Antonio Poletti. »

Nous n'essayerons pas de rien ajouter à la force probante de ces documents. Tout commentaire n'aboutirait qu'à en affaiblir la portée. Il en résulte, avec la lumière de l'évidence, que la prétendue juxtaposition d'un paquet préparé était, dans les circonstances données, matériellement impossible; et que le témoin qui a produit cette accusation a été en proie à une véritable hallucination.

Reprenons maintenant la suite de notre récit. L'exposé rapide de ce qui s'est passé après la partie de baccarat va nous donner la clé et nous faire toucher du doigt la moralité de cette affaire.

Nous avons laissé Garcia au moment où il repoussait énergiquement la demande qui lui était faite de rendre l'argent qu'il savait avoir réellement bien gagné.

Les esprits surexcités perdent leur sang-froid. Garcia proteste de sa loyauté et demande, tout s'étant tranquillement passé pendant qu'on jouait, d'où viennent cette défiance et ce tumulte inattendu. Mais son langage ferme et précis irrite les agresseurs au lieu de les calmer. La raison fait place à la passion. Les promoteurs du tumulte s'exaspèrent. L'auditoire, échauffé par l'altercation, prend goût au spectacle et l'encourage. On s'injurie, on se menace; mais toutes les apostrophes, tous les cris de cette foule ameutée n'entament pas Garcia, qui, fort de sa conscience, repousse toutes les attaques et combat les mauvaises raisons qu'on lui oppose. On essaye alors de l'intimider. Le nom du commissaire de police est mis en avant:

— Oui, s'écrie Garcia, qu'il vienne, ce magistrat! c'est moi qui l'appelle pour me protéger contre vos violences.

Cette lutte acharnée durait depuis trois heures sans qu'on eût pu ébranler la résistance de Garcia.

— *Vous ne m'arracherez cet argent qu'avec la vie*, finit-il par leur dire.

Par ces paroles, Garcia entendait défendre son honneur en se refusant à une exigence qui mettait sa loyauté en doute.

Cependant, l'énergie, le sang-froid et l'indignation de Garcia avaient fini par dominer la voix de ses accusateurs, lorsque tout à coup un des invités vint jouer dans cette scène un rôle décisif, en se posant en parlementaire et en arbitre entre les deux camps :

— Voyons, monsieur Garcia, s'écria-t-il, il n'est plus question de douter de votre loyauté ; mais comme affaire d'accommodement et de convenance, faisons une transaction. Annulons toutes les parties faites dans la soirée, celles dans lesquelles vous avez perdu, comme celles dans lesquelles vous avez gagné. Que chacun rentre dans l'argent qu'il a apporté, et restons tous bons amis, comme si rien ne s'était passé.

La personne qui proposait ce moyen de mettre fin au scandale qui régnait depuis trois heures dans les salons de Mme Barucci, paraissait animée d'une sincère conviction et s'exprimait avec un tel esprit de conciliation et de douceur, que Garcia, qui n'avait lutté avec persévérance que pour l'honneur, sentit un grand soulagement en voyant qu'il ne s'agissait plus que d'une question d'argent.

Sans doute, un homme doué des conditions d'esprit et de caractère différentes de celles qu'ont pu observer chez Garcia tous ceux qui l'ont approché et ont vécu dans sa société, aurait refusé l'accommodement proposé par l'officieux médiateur ; mais cet homme, qui ne manque ni de sagacité ni de clairvoyance, a été doué par la nature d'un désintéressement si au delà de la mesure commune, qu'il suffira de dire qu'il lui est dû en ce moment, dans différentes contrées de l'Europe, environ huit cent mille francs d'argent non gagnés au jeu, mais prêtés de la main à la main, à tous les amis et connaissances qui, au temps de sa prospérité, se sont donné la peine de lui en demander.

Comme ce que nous avançons est de notoriété publique et sera confirmé par les nombreuses et honorables personnes qui ont fréquenté Garcia en Allemagne et à Paris, on ne pourra soupçonner d'artifice cette considération, que nous livrons avec confiance aux juges compétents et éclairés des mystères du caractère humain.

Garcia donc était porté à accueillir l'ouverture qui lui était faite ; cependant, avant d'y consentir, un sentiment de prévoyance lui fait dire :

— Si j'acceptais la transaction que vous me proposez, vous pourriez vous en prévaloir demain pour dire que je n'ai pas joué loyalement.

— Non ! s'écria-t-on de toutes parts, nous donnons notre parole d'honneur que c'est de bonne foi que nous faisons ce compromis.

Vaincu par cette assurance, Garcia accepta. Et c'est cette transaction et le partage de l'argent, qui sont devenus la cause unique de cette affaire et des conséquences qu'elle a eues pour cet homme confiant et généreux, dont la docilité et le désintéressement ont été mis à profit par ses adversaires, que nous allons voir, à l'occasion du partage, se placer dans la nécessité de créer un délit pour échapper à leur propre responsabilité.

C'est bien la distribution de l'argent qui a été la cause de toute l'affaire ; car, d'un autre côté, l'accommodement accepté par Garcia n'avait rien que d'honorable, puisqu'il y avait des *concessions réciproques*. Dans cette transaction, la question d'honneur avait été hautement dégagée. Il ne s'agissait pas d'une restitution, ce qui eût impliqué la reconnaissance d'un délit, mais d'une concession mutuelle, d'une transaction, d'un contrat en un mot, pour mettre fin à la scène tumultueuse qui durait depuis trois heures.

On devait annuler, pour ou contre, toutes les opérations de la soirée : les parties de trente et quarante comme la partie de baccarat. Chacun devait reprendre l'argent qu'il avait perdu. Si Garcia rendait l'argent gagné par lui, on devait lui rendre en échange celui qu'il avait perdu. Dans ces termes, la convention n'avait rien que d'honorable, car on s'était fait des *concessions mutuelles*, et c'est dans ces termes seulement qu'elle avait été acceptée par Garcia. Mais nous allons voir qu'elle ne fut pas respectée par ceux mêmes qui l'avaient proposée.

LE PARTAGE DE L'ARGENT.

Ici commencent, ici se placent les seuls faits graves qui se sont passés dans la soirée donnée dans les salons de Mme Barucci. D'après les termes de la convention acceptée par tous, chacun devait mettre sur la table l'argent qu'il portait sur lui. Garcia, de son côté, l'exécute loyalement et y dépose les 110,000 francs, c'est-à-dire toute la somme qu'il avait. Les autres invités y déposent aussi leur argent, et on en fait un fonds commun.

Il avait été convenu qu'on rendrait à Garcia les 52,000 fr. qu'il avait perdus au trente et quarante. On ne lui a rendu que 20,000 francs.

On a donné à chaque personne la somme qu'elle a demandée, excepté à Garcia, qui, ayant mis dans ses banques, au vu et au su de tout le monde, 52,000 francs, n'a reçu que 20,000 francs.

Il n'y a donc aucun doute que des erreurs ont été commises dans la distribution de l'argent. Au milieu de la confusion, ces messieurs ne pouvaient pas probablement se rendre compte de ce qu'ils faisaient ; mais il est certain que des personnes très-honorables ont reçu plus d'argent qu'elles n'en avaient joué. Et la preuve que ces erreurs ont existé, c'est que sur la somme apportée par Garcia, et dont la quotité ne pouvait être contestée, il lui a manqué 32,000 fr.

Nous n'accusons personne d'avoir voulu tromper ; nous sommes décidés à ne pas nous départir de la plus grande modération, mais il nous est impossible de passer sous silence le fait du partage, qui a donné naissance à cette affaire, car, si nous voulions être moins modéré ne pourrait-on pas dire que c'est pour étouffer les justes réclamations de Garcia qu'on l'a accusé?

Il est vraiment très-extraordinaire qu'après avoir été victime d'une erreur, que lorsque Garcia a été le seul qui soit sorti de la soirée avec pertes, on se soit encore montré pour lui d'une si grande violence.

Nous désirons bien prouver ce fait, et nous le démontrerons, en nous appuyant uniquement sur les dépositions de nos adversaires.

'La convention, en exécution de laquelle la restitution de l'argent s'est opérée, reposait sur le principe de l'annulation réciproque de toutes les parties. Chacun devait rendre l'argent qu'il avait gagné et recevoir celui qu'il avait perdu. Or, ce principe a été méconnu.

De l'aveu de tout le monde, Garcia a mis dans ses trois banques 52,000 francs, savoir :

Dans la 1re............ 20,000 francs.

Dans la 2e............ 12,000 francs.

Dans la 3e............ 20,000 francs.

Il aurait fallu commencer par lui rendre cette somme qu'il avait perdue et dont la quotité ne pouvait être contestée. C'était un devoir strict pour messieurs les copartageants de l'argent ; devoir incontestable, puisque c'était sous cette condition expresse que Garcia avait consenti à faire l'abandon de ses bénéfices loyaux et légitimes. Mais il n'en fut pas ainsi, car il ne reçut que 20,000 francs dans le partage.

Tels sont les faits qui se sont passés dans la soirée de Mme Barucci et qui sont connus de beaucoup de monde.

Dès le lendemain de la scène que nous venons' de raconter, plusieurs personnes furent informées de la manière dont la distribution avait été faite et en faisaient des commentaires assez sévères à l'égard de nos adversaires. Plusieurs personnes appartenant au meilleur monde, membres des premiers clubs de Paris et connues par la finesse et la justesse de leur jugement, ne se cachaient pas pour dire :

— En tout cas, ce ne sont pas ces Messieurs qui ont perdu dans cette fameuse soirée.

Nous avons expliqué que toute l'affaire était dans la transaction faite et le partage de l'argent, et les invités eux-mêmes avaient tellement la conviction que le cœur de l'affaire était là, que c'est sur ce fait que tous leurs efforts se sont concentrés. En effet, on peut se rappeler que dans leurs témoignages devant les tribunaux, ils n'ont pas dit un mot de la transaction qui avait eu lieu, et ils se sont attachés uniquement à faire croire que Garcia avait rendu l'argent sous la menace du commissaire de police. Nous allons prouver, avec toute évidence, la fausseté de cette assertion, et nous l'allons prouver par une raison tellement convaincante, tellement claire, que son évidence manifeste apparaîtra aux yeux de tout le monde, car elle ressort des faits constatés par nos adversaires, avoués par eux-mêmes.

Voici la vérité : Nos adversaires ont déclaré que Garcia avait rendu l'argent sous l'effet d'une intimidation. Nous avons fait connaître la réponse énergique de Garcia, lorsque cette menace lui fut faite ; et, contrairement à leurs assertions, nous soutenons qu'il a seulement accepté un contrat, une transaction dans laquelle il y avait des *concessions réciproques ;* et que c'est par suite de cette transaction qu'il consentit à mettre son argent sur la table. Voyons laquelle des deux assertions sera vraie.

Il est de toute évidence qu'il y a eu un contrat parmi les invités, et cela est prouvé par le fait même d'avoir rendu à

Garcia 20,000 francs; et s'il n'en eût pas été ainsi, pourquoi lui a-t-on rendu cette somme et non pas les 1,500 francs avec lesquels il a commencé la partie de baccarat ?

Il est établi, et tous les invités l'ont déclaré aussi, que Garcia n'avait que 1,500 francs quand cette partie a commencé, et que c'est avec cette somme qu'il a gagné les 110,000 francs qu'on a prétendu qu'il n'avait pas bien gagnés et qu'on lui demandait de rendre. Dans ce cas, comment se fait-il qu'au lieu de lui remettre ces 1,500 francs, on lui donne 20,000 francs, c'est-à-dire *une partie de l'argent que Garcia avait perdu au trente et quarante ?* On lui avait donc fait un cadeau de 18,500 francs ?

Encore une fois, nous le soutenons ; il est clair, il est évident qu'il y a eu une transaction dans les termes que nous avons expliqués. Et si nous insistons pour éclaircir et prouver ce fait, c'est parce que c'est l'âme de toute l'affaire.

Soyons logiques, et admettons un instant la version de nos adversaires :

On fait dans la soirée trois parties de trente et quarante : Garcia perd 52,000 francs ; tous sont d'accord pour les trouver très-loyales. On fait ensuite une partie de baccarat à laquelle Garcia prend part avec 1,500 francs qui lui restent, et il gagne 110,000 francs : alors on ne croit plus à la régularité du jeu, et on lui demande de rendre cet argent. Si nous continuons à admettre le dire de nos adversaires, Garcia, sous la menace du commissaire de police, aurait rendu l'argent.

Alors, rien de plus naturel que de lui remettre 1,500 francs, et le reste aux personnes qui avaient perdu dans cette partie... Par quelle raison a-t-on rendu à Garcia 20,000 francs ? Est-ce pour lui rendre *une partie de l'argent qu'on lui avait gagné au trente et quarante ?* Dans ce cas, Garcia, tournant toute l'argumentation dont ses adversaires se sont servis pour faire croire à l'irrégularité de son jeu, pourrait à son tour leur dire :

— Vous m'avez gagné déloyalement l'argent dans les parties de trente et quarante, puisque vous m'en rendez une partie.

Nous ne saurions donc trop le répéter, trop le soutenir : il y a eu transaction, et ce qui a donné un caractère de gravité à l'affaire de la soirée de Mme Barucci, c'est la manière dont l'argent a été partagé.

Telle est la vérité sur cette affaire qui a fait tant de bruit. Cette vérité qui se fait jour à travers toutes les difficultés, et malgré tous les efforts faits pour la laisser ignorer au public, qui s'impose par sa seule puissance et par la force attachée à tout ce qui est juste, mérite bien que nous y ajoutions une réflexion.

Nous avons sous les yeux la preuve qu'il ne faut jamais se décourager dans ce monde, si cruellement éprouvé qu'on y soit, si injuste que la société se montre souvent à notre égard. Quand on a la conscience d'avoir bien agi et la conviction d'avoir rempli son devoir, on peut se recueillir dans la foi du jour, non lointain, qui viendra réparer les injustices que la passion a fait naître. En attendant ce jour, soyons patients. Le temps d'abord qui calme les passions, une circonstance heureuse et inattendue, quelque chose de providentiel qui vient aussi, au plus rude de la tourmente et en perçant toutes les difficultés, dissiper les ténèbres et éclaircir les esprits, nous fera rendre la considération et le rang dont la prévention d'un jour nous avait fait déchoir. Le cas qui nous a inspiré cette défense nous prouve que quelques-unes de ces circonstances heureuses sont venues à l'aide de Garcia ; car, voici que sans besoin de témoignages et par la seule puissance des faits accomplis et connus, qu'il serait impossible à nos adversaires de nier, la vérité se fait jour, et son innocence est démontrée.

La preuve que Garcia se savait innocent, et les incidents
de la soirée de Mme Barruci ne pouvaient que le confirmer
dans sa sécurité, c'est l'attitude qu'il prit, le lendemain des scènes que nous avons racontées, lorsqu'il
apprit que tout Paris s'entretenait de cette affaire qu'on
s'était engagé à ne pas divulguer et qu'au moins on n'aurait
pas dû dénaturer. Alors il s'adressa à M. Léon Duval
comme à son conseil judiciaire, et, l'ayant instruit de tout
ce qui s'était passé il prépara, avec le concours de cet honorable jurisconsulte, une action en diffamation contre ses ca-
lomniateurs, et une action en restitution de deniers pour
violation de la convention stipulée au sujet du partage.
Tout à coup, et contrairement à tout ce qu'on était fondé
à croire, on apprit qu'une instruction judiciaire allait être
commencée.

Dès ce moment tous les amis de Garcia, son avocat lui-
même, toutes les personnes qui lui portaient de l'intérêt, lui
conseillèrent de quitter immédiatement Paris. Mais Garcia résistait à leurs pressantes sollicitations. Fort de son innocence, confiant dans la puissance de la vérité, il était
résolu à affronter sans crainte la cabale de ses ennemis, lorsqu'il fut averti qu'il était question de l'arrêter préventive-
ment, et qu'on ne l'admettrait pas à fournir caution.

Devant ce péril inattendu, il se décide alors à quitter
Paris ; mais en cédant aux prières de ses amis et de son
avocat, il n'entend nullement se soustraire à l'appel de la
justice. Les preuves que nous allons en donner ne peuvent
laisser subsister aucun doute à cet égard. D'abord Garcia,
en cherchant à éviter l'emprisonnement préventif, prenait la
même précaution que la plupart des personnes qui avaient
pris une part active à la scène du jeu, qui, croyant elles-
mêmes à une arrestation, se tinrent pendant quelques jours
à l'abri des regards du public.

Garcia fuyait si peu en coupable qu'il mit six jours à sortir de France. A chaque station centrale de chemin de fer, il s'arrête, il écrit à ses amis, à son avocat, insistant sur sa résolution bien arrêtée de revenir au jour signalé pour l'ouverture des débats.

Voici ce qu'il écrivait à son défenseur quelques jours avant l'audience :

« MON CHER MONSIEUR DUVAL,

« Je respecte vos conseils, mais je ne puis suivre en ce moment « que ceux de ma conscience et de mon honneur. Ma place est à « l'audience le jour des débats. J'arriverai à Paris le 19 avec l'ex- « press de 6 heures du matin. »

En même temps que cette lettre il expédiait une dépêche à son frère, lui annonçant l'heure de son départ.

Toutes ses dispositions pour partir étaient prises. La chaise de poste qui devait le conduire à la station voisine du chemin de fer se trouvait à la porte de son hôtel, lorsqu'il reçut un télégramme qui lui apporta la nouvelle que M. Léon Duval, frappé d'un malheur domestique, lui retirait son concours, abandonnant au dernier moment la défense qu'il avait acceptée dès le commencement de l'instruction.

Dans cette situation, que faire ?

S'il se présente sans défenseur, son arrestation est certaine. Quel défenseur d'ailleurs pourrait s'initier à sa défense la veille de l'audience et consentirait à la présenter en si peu de temps ?

En présence de ces circonstances fortuites, Garcia fut confirmé par des hommes de loi qui se trouvaient parmi le groupe d'amis réunis à la porte de son hôtel, dans la croyance que le tribunal ne pourrait lui refuser une remise, et il télégraphia de suite à son avoué et à son frère pour la faire demander, chargeant ce dernier de lui procurer immédiatement un nouveau défenseur.

Non content de cela, il adressa une autre dépêche de plus de *deux cents mots* à M. le procureur impérial, faisant connaître à ce magistrat la situation imprévue dans laquelle il se trouvait et le suppliant de consentir à une remise de la cause à huitaine, s'engageant formellement et solennellement à se présenter le jour de l'appel.

Un inculpé qui se donne toutes ces peines et supporte toutes ces dépenses, donne, par cela même, la meilleure preuve de sa sincérité, et M. le procureur impérial ne pouvait raisonnablement pas douter que Garcia ne tînt sa parole de se présenter à l'expiration du délai, que des circonstances qui n'avaient pu être prévues par lui le mettaient dans la nécessité de demander.

Cependant M. Philis, qui avait consenti à succéder à M. Léon Duval, joint ses efforts à ceux du frère de Garcia et de M. Dauphin, son avoué, afin d'obtenir la remise, faisant valoir l'impossibilité pour lui, défenseur, d'improviser pour le lendemain une plaidoirie dans une affaire dont il ignorait les premiers éléments, et la bonne foi évidente de son client dont les lettres et les dépêches attestent le désir ardent de se constituer à l'audience.

Malheureusement, ces pressantes démarches n'eurent pas le résultat qu'on en attendait.

Néanmoins, le jour de l'audience, M. Philis dut tenter un dernier effort. A l'appel de la cause, il demanda à faire une observation, et voici ses propres paroles, que nous reproduisons parce qu'elles ont été inexactement rapportées dans les divers comptes rendus :

« Messieurs, dit-il, le tribunal a dû recevoir hier des « mains d'un avoué une demande en forme de la part du

« prévenu Garcia, tendant à obtenir une remise nécessitée
« par les besoins de la défense. Le tribunal sait, en
« effet, qu'à la suite d'un malheur de famille extrêmement
« regrettable, l'honorable défenseur qui s'était chargé des
« intérêts de Garcia s'est vu obligé de lui retirer son con-
« cours ; de sorte que le prévenu se trouve aujourd'hui sans
« défenseur, sans défense organisée, *sans témoins même*
« *cités à décharge*. En présence d'une telle situation, il me
« paraît et il paraîtra certainement au tribunal que c'est un
« acte de justice de faire droit à sa demande ; j'ajoute qu'il
« serait lui-même à cette barre pour présenter, plus effica-
« cement que je ne puis le faire, sa requête au tribunal si,
« ignorant qu'il est des choses de justice, il avait pu croire
« que sa présence dût lever les derniers scrupules qui s'op-
« posent peut-être, dans l'esprit de messieurs les juges, à
« l'obtention de la remise que je sollicite en son nom. »

Mais on procéda à l'ouverture des débats sans tenir compte
des justes réclamations que nous venons de faire entendre.
Avant d'aller plus loin, qu'il nous soit permis de demander
aux esprits éclairés et impartiaux s'il est raisonnable d'admettre que Garcia ayant été présent à l'audience, les choses
eussent pu se passer comme elles se sont passées ?

Nous demanderons encore s'il est possible de lui imputer
d'avoir voulu se soustraire à la justice et si nous n'avons pas
complétement acquitté la promesse faite au début de ce mémoire, de démontrer que Garcia a voulu se présenter et qu'il
en fut empêché par des causes tout à fait indépendantes de
sa volonté.

Voici deux lettres de MM. Léon Duval et Philis, qui viennent compléter la preuve que M. Garcia voulait absolument
se présenter à l'audience.

« Paris, 24 mars 1873.

« MONSIEUR,

« Je vous rends bien volontiers ce témoignage que, contre mon
« avis, vous vouliez absolument comparaître en justice dans le débat

« correctionnel que votre nom a rendu célèbre il y a quelques années.
« Vous aviez résolu de repousser l'accusation en personne, et vous
« auriez certainement donné des détails instructifs et qui me sem-
« blaient bons pour votre défense si l'honorable M. Philis, qui m'a-
« vait suppléé avait été entendu.

« C'est donc contre votre gré et malgré votre vif désir de tenir
« tête à l'accusation que vous avez été jugé par défaut.

« Agréez, je vous prie, etc.

« *Signé* : Léon DUVAL, avocat. »

« Paris, 23 mars 1873.

« MONSIEUR,

« Chargé au dernier moment des intérêts de votre défense devant
« le tribunal correctionnel, en 1863, je me souviens parfaitement
« que votre intention formelle était de vous présenter à la justice, et
« que c'est par un retard indépendant de votre volonté que vous avez
« été empêché de le faire.

« C'est en me fondant sur cette intention formelle que, dans les
« pourparlers qui précédèrent l'audience, et à l'audience même, je
« sollicitai avec ardeur des magistrats une remise, qui me semblait
« indispensable pour mettre votre défense en état.

« J'ai donc la conviction que, si la remise avait été accordée, vous
« auriez donné suite à votre résolution de venir établir votre innocence
« à l'audience.

« Recevez, etc.

« *Signé* : A. PHILIS, avocat à la Cour d'appel. »

Aujourd'hui la situation est complétement changée.

Cette affaire est prescrite depuis plusieurs années. M. Miranda, qui s'était porté partie civile s'est désisté il y a déjà
six années, et il a envoyé au tribunal son désistement en
toutes règles pour tout ce qui regarde Garcia.

La position donc de celui-ci vis-à-vis du monde et de la
société est parfaitement régulière. Rien ne peut lui être
reproché.

S'il ne s'est pas présenté le jour des débats, il n'est pas
moins vrai qu'il a fait tout ce qu'il était en son pouvoir pour
s'y trouver ; que lorsque, à la veille de l'audience, on lui

apprit qu'il n'avait pas de défenseur, il s'est donné les plus grandes peines pour obtenir une remise ; qu'il a envoyé une dépêche de plus de deux cents mots à M. le procureur impérial pour lui exposer les motifs très-sérieux et très-justes qui le plaçaient dans la nécessité de faire cette demande ; que M. Philis, son frère et tous ses amis faisaient, de leur côté, tous leurs efforts pour y réussir. Enfin, et c'est ce que personne ne pourra mettre en doute après avoir lu ce mémoire, M. Garcia, fort de sa conscience, était fermement résolu à se présenter le jour des débats pour se défendre. Cette résolution était, chez lui, tellement arrêtée, et sa volonté de venir à Paris avait tellement gagné son esprit, que nous l'avons souvent entendu dire avec l'accent de la conviction et de telle manière que nous ne pouvons pas douter de sa sincérité, que, s'il avait pu prévoir un instant que cette remise pouvait lui etre refusée, il se serait présenté seul devant les magistrats qui devaient juger cette affaire, et qu'il leur aurait dit qu'il ne voulait qu'eux et la justice pour défenseurs.

Et nous sommes nous-mêmes parfaitement convaincus que, s'il avait pu se défen lre, il aurait été acquitté.

Nous avions donc raison de dire que sa position vis-à-vis du monde et de la société est très-régulière.

Au surplus, Garcia, ne voulant pas se prévaloir de la prescription, et renonçant à tous les droits qu'elle lui donne, vient de faire présenter au tribunal une opposition au jugement rendu contre lui par défaut.

Mᵉ Lachaud est chargé de sa défense.

Nous ne doutons pas que, ce dernier devoir rempli par Garcia et lorsqu'une réaction salutaire a commencé à poindre en sa faveur, l'opinion publique ne ratifie le verdict d'acquittement déjà formulé dans la conscience de tous.

Nous avons d'autant plus le droit d'attendre qu'elle rende justice à Garcia, que c'est elle qui a créé cette affaire. Il faut bien dire la vérité, c'est la curiosité publique, cette curiosité malsaine des grandes villes, qui s'évertue à tout altérer et à tout grossir, qui a été la cause de tant de bruit.

Et voici la preuve :

Tout était fini dans la soirée ; on s'était séparé amicalement ; on était convenu de ne rien dire, lorsque, par une indiscrétion inévitable, le bruit de cette scène se répandit dès le lendemain dans Paris ; il gagna de proche en proche.

Que ceux qui connaissent la portée de ce qu'on appelle à Paris la *nouvelle du jour*, nous disent consciencieusement de quel poids, de quel entraînement irrésistible est capable ce courant multiple et orageux, qui met dans la bouche de millions d'êtres humains, les plus communicatifs qui soient au monde, une version arrangée de manière à nuire à la réputation des personnes.

Ainsi, les bruits les plus invraisemblables et les plus contradictoires circulèrent ; d'un rien on faisait quelque chose. Le grain de sable devenait montagne. Ce qui n'était qu'un incident devenait une grosse affaire.

C'est alors que la justice intervint.

Comme preuve que c'est la rumeur et la curiosité publiques qui en ont été la cause, c'est qu'aucune plainte n'avait été adressée au parquet. Aucun des invités de la soirée ne s'était plaint. Il y a plus : la préfecture de police, qui, après les premiers bruits, avait commencé une enquête, n'avait pas trouvé de motifs pour y donner suite ; mais la persistance du public à s'occuper de cette affaire, à l'altérer, à lui donner plus d'importance qu'elle n'en avait, força la main, et une enquête judiciaire fut commencée.

Faisons remarquer une circonstance, c'est que Garcia, sans même avoir prononcé un mot pour sa défense, a conservé ses meilleures relations et qu'il y a eu toujours des personnes qui l'ont soutenu, convaincues qu'elles étaient de son honorabilité. C'est qu'un certain instinct éclairait leur conscience et leur donnait l'assurance de son innocence.

Notre tâche ne serait pas complète si nous ne faisions pas connaître jusqu'à quel point les conséquences de cette affaire ont été désastreuses pour les intérêts de Garcia par suite de la manière d'agir de ses débiteurs.

Nous avons expliqué que Garcia, dans le temps de sa prospérité, avait prêté des sommes considérables ; or les magistrats qui ont statué dans cette affaire ne se sont certes pas imaginé qu'il se trouverait des personnes occupant un rang distingué dans l'échelle sociale, qui abuseraient de la position faite à notre ami.

Nous sommes bien éloignés de vouloir faire du bruit en signalant à l'attention publique le nom de tous ces personnages ; notre but est de défendre l'honneur de Garcia et non pas ses intérêts ; mais il en ressort un enseignement si profond et une expérience si utile, que nous pouvons, sans encourir le reproche d'inconvenance, justifier par un fait toute l'étendue des mauvais procédés des personnes que Garcia plein de générosité et de bon vouloir a gracieusement obligées et sur l'exactitude et la délicatesse desquelles il aurait dû compter.

Parmi les personnages à qui Garcia a rendu des services, se trouve un prince étranger qui porte un nom des plus aristocratiques bien connu dans le grand monde parisien. Il doit à Garcia, pour argent prêté, une somme tellement considérable qu'elle suffirait à constituer une fortune indépendante. Cette créance est représentée par un *billet souscrit* par le prince dans les bureaux d'une respectable maison de banque, à la caisse de laquelle il reçut en espèces sonnantes une grande partie de la somme dont il s'agit. Il y a dix années que ce prince doit cette somme à Garcia ; le *billet signé* par lui a été protesté et notre ami n'a pas encore été remboursé d'un centime de ce haut personnage, malgré de nombreuses démarches tentées par des amis communs.

Nous laissons aux lecteurs le soin d'apprécier la délicatesse d'une pareille façon d'agir.

Nous pourrions citer d'autres faits analogues, mais ce recit nous entraînerait trop loin et nous écarterait de notre but principal, qui est de rendre à Garcia toute sa considération et *de satisfaire sa seule ambition, celle de conserver sa place parmi les honnêtes gens.*

Paris, impr. Paul Dupont, rue Jean-Jacques-Rousseau, 41.—(1301.4.73)

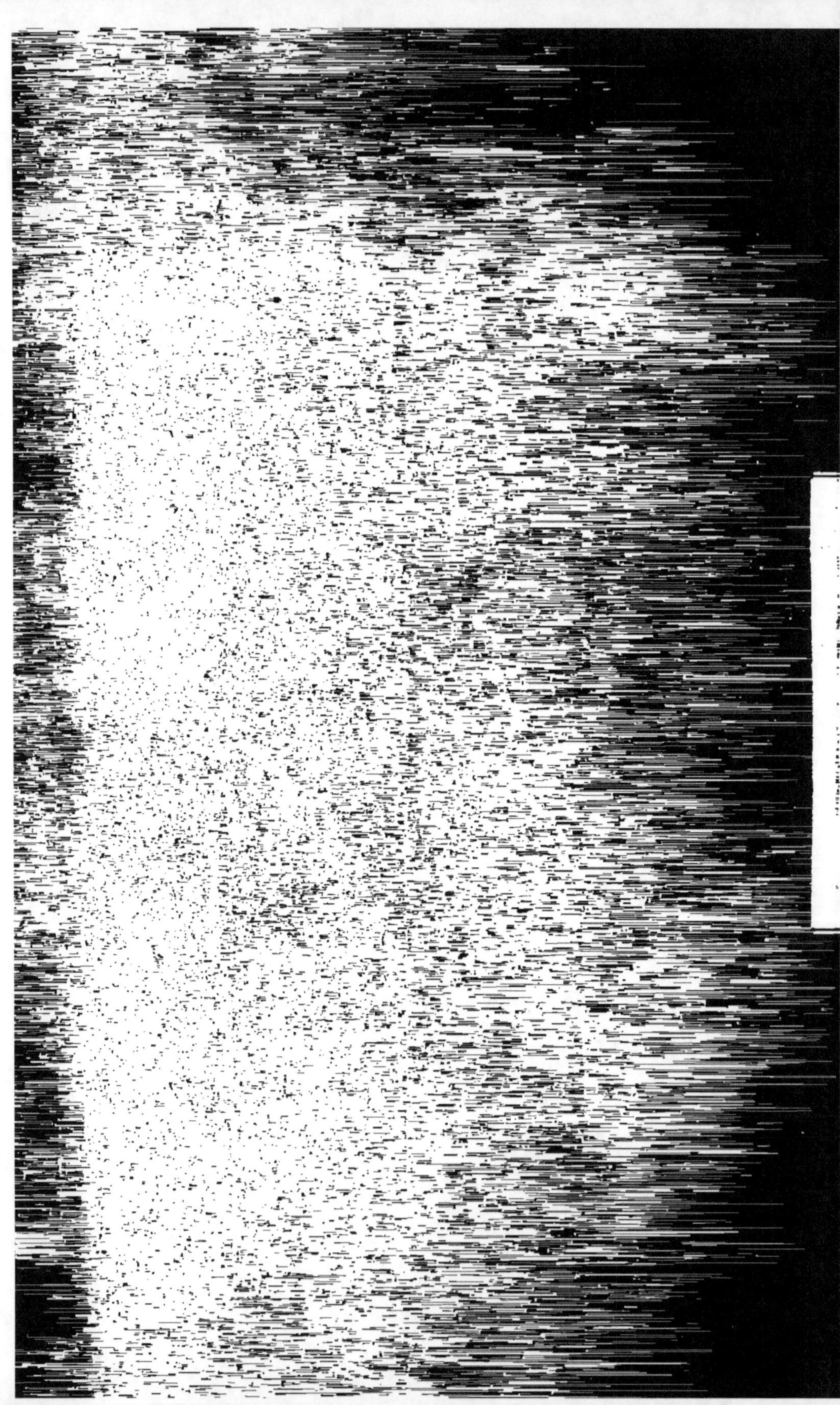